CE QUE VEULENT *vraiment* LES HOMMES

kama sutra

CE QUE VEULENT *vraiment* LES HOMMES

Fetjaine

LONDRES, NEW YORK, MUNICH,
MELBOURNE, DELHI
www.dk.com

Titre original : *Sex Tips for Girls by Guys*

Traduction : Isabelle Aragnou

Une marque de La Martinière Groupe

www.lamartinieregroupe.com

ISBN : 978-2-35425-371-4

Imprimé à Singapour

sommaire

intro

OK, on va vous révéler un secret. C'est très facile de rendre un **mec heureux** au lit. Déjà, le fait que vous **soyez heureuse d'être au lit** à nos côtés suffit à nous mettre du **baume au cœur**. Alors si vous mettez en pratique les trucs et astuces contenus dans ce livre… pour nous, ce sera du **pur bonheur** !

duction

Vous pouvez **piocher au hasard** ou suivre à la lettre l'intégralité des conseils prodigués dans ce livre (**on adorerait ça**). Quoi qu'il en soit, préparez-vous à avoir entre les mains un **homme très heureux** et pleinement satisfait.

Bon, ce n'est pas l'heure d'aller au lit ?

care

sse-
moi

mon truc

Nous aussi on aime bien les préliminaires un peu sexy avant de passer aux choses sérieuses.

« Elle est venue se coucher **uniquement vêtue d'un boa en plum**

en plumes

« elle s'est servie pour **me caresser le corps**. J'y pense encore. »

papoui

Nous ne prenons pas suffisamment **soin** de **nous-même**

* Prenez un **bain à deux**. Asseyez-vous derrière lui et **massez-lui le dos** et le **torse** avec de la **mousse** ou du gel douche.

ez-nous

ɔrs quand **c'est vous qui le faites** c'est un **vrai régal**.

* Étalez de l'huile de massage sur **tout son corps**. Massez-le avec **fermeté et application**, avant de lui prodiguer des caresses plus légères et **plus coquines**.

zones

Vous connaissez déjà nos principales zones érogènes. Mais pensez aussi aux autres, moins connues – celles qui nous font doucement gémir de plaisir.

✱ « **Elle m'embrasse** sur la mâchoire puis descend **lentemen**t le long de mon cou. **C'est génial**. »

« mmmouiii »

✱ « Elle passe le bout de son **doigt sur mes lèvres**, puis **l'enfonce** délicatement **dans ma bouche**. »

✱ « Elle **ratisse mon pubis** avec ses **ongles** tout en **effleurant** à peine **mon pénis**. »

On adore quand vous nous prenez en main. C'est très excitant de sentir vos mains sur nous. Cela vaut aussi bien pour les caresses subtiles et légères que pour les plus énergiques. Caressez-nous, effleurez-nous, pressez-nous de vos douces mains nues – ou gantées de cuir souple pour une sensation différente.

travaux

* **Arrivez** derrière lui et glissez vos **mains autour de sa taille**. Tracez le **contour de son sexe** tout en pressant **vos seins** contre son dos. Puis **glissez vos doigts** dans **son slip** et excitez-le par **quelques habiles caresses**.

* **Rejoignez-le** sous la **douche**, mettez du gel dans **la paume** de vos mains et **massez son pénis** en effectuant des mouvements amples.

manuels

à deux

On adore quand vous variez un peu les plaisirs. Le simple fait d'utiliser vos deux mains plutôt qu'une seule nous intrigue et éveille nos sens.

mains

✱ « Elle verse de **l'huile de massage** au creux de **ses mains**, prend mon **pénis en érection** entre celles-ci, puis le fait **doucement rouler** entre ses paumes. **C'est fantastique**. »

✱ « **Elle croise les doigts de ses deux mains** qu'elle fait glisser de haut en bas **le long de mon pénis**. »

✱ « Elle s'assied **entre mes jambes** et **caresse mon pénis**, une main sur l'autre. **Super sexy** ! »

le point

Il y a un point du pénis en particulier – le point F – qui retient toute notre attention. C'est l'endroit où le prépuce rejoint le pénis, aussi connu sous le nom de « frein ».

- **Titillez et léchez** le **point F** avec le **bout de la langue.**

- Quand vous nous **masturbez**, appuyez avec **plus d'insistance** à cet endroit **avec le pouce**.

F

✱ Léchez votre **index**, puis tracez des **petits cercles humides** sur le **point F**.

happy

Même si on aime le contact de votre main sur notre pénis pendant les préliminaires, on apprécie aussi d'être masturbés… jusqu'au bout. Être allongés et anticiper une fin heureuse nous plonge dans l'extase.

* « Il y a quelque chose de **très excitant** dans sa façon de **me prendre en main** et d'**avoir le contrôle**. »

end

* « Pendant le **sprint final**, j'aime qu'elle me **presse fermement le gland**, toujours **au même rythme**. »

* « **Ça fait cliché**, mais j'adore **jouir entre ses seins**. »

jouer aux

Nos boules sont très proches de la salle de bal, mais on ne les invite pas souvent à la fête. C'est bien dommage, car elles sont pleines de terminaisons nerveuses et nous adorons quand vous jouez avec.

boules

✱ Essayez ces **quelques gâteries** : petites **léchouilles de chat**, **suçons** et **baisers**, délicats gratouillis avec **vos ongles**, ou une **bonne prise** dans le **creux de la main**.

✱ Nous sommes aussi fans des **positions sexuelles** qui incluent les **testicules**. Placez-vous **sur nous** et effectuez des mouvements d'**avant en arrière**. En position debout, nous derrière, penchez-vous en avant : **nos bijoux de famille viendront vous heurter** gentiment à chaque coup de boutoir.

no-man's

Question **Q**

Quelle est la partie du corps de l'homme qui est rarement caressée ?

Réponse **R**

La bande de peau derrière les testicules. Les hommes l'appellent le « petit pont », car c'est une zone qui ne les laisse pas de bois.

land

* **Votre mission :** partir à la découverte de cette zone érogène perdue. **Caressez-la** avec **vos doigts** ou **votre langue**.

* **Le petit pont** peut aussi servir d'**aire de repos** si vous voulez retarder l'**effet de la fellation**. Prodiguez-lui de **doux baisers** avant de retourner à l'action.

On adore quand vous partez en exploration un peu plus bas. Faites glisser vos doigts le long du pénis, sur les testicules, et allez titiller un peu l'anus.

bas

- **Caressez** ou **faites le tour** de son **anus** avec un **doigt** légèrement **lubrifié** en appliquant une **légère pression**, ou bien aventurez-vous **un peu à l'intérieur**.

- Laissez-vous guider par son **langage corporel** : des **fesses** fermement **serrées** signifient « **non merci** ». S'il **lève le bassin**, **allez-y**.

plus

la porte **du fond**

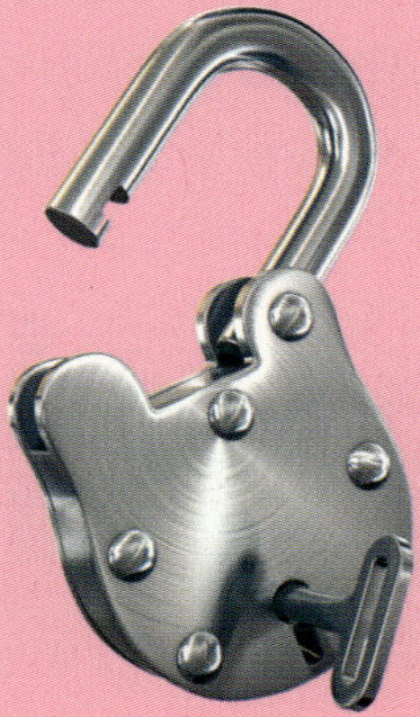

Vous connaissez votre point G ? Eh bien, nous aussi, on en a un. Il s'appelle le point P (pour prostate) et si vous réussissez à le trouver, vous déclencherez en nous des orgasmes dévastateurs.

Insérez doucement un doigt bien lubrifié dans **son anus**. **Pointez-le vers le haut** (en direction de son ventre). Laissez-vous **guider par ses gémissements** de plaisir. Pendant que vous êtes occupée à la cave, laissez-le **se faire plaisir** à l'étage supérieur. Ou bien faites-lui **une fellation**. De toute façon, le résultat sera **époustouflant**.

faire la

Cul, fesses, popotin… qu'importe le nom, on adore que vous nous le **caressiez.**

cul...bute

✱ **Massez-lui les fesses**. Servez-vous de vos paumes pour les **presser**, les **écraser** et les **marteler**, puis changez le rythme en les **caressant doucement** du bout de vos doigts : le **contraste** n'en sera que plus **sexy**.

✱ **Sans les mains** : enduisez-vous **le ventre et les seins** d'huile de massage puis glissez le long de son dos jusqu'à ses fesses. **Attention : il pourrait se retourner et vous attraper...**

cours particulier

10/10

Si vous ne savez pas vraiment ce qu'un homme attend de vous, il y a une façon très simple de le savoir : demandez une démonstration. Il y a de grandes chances qu'il accepte volontiers.

✱ « C'était **super sexy**. **Sa main** était posée **sur la mienne** pendant que je **jouais avec mon pénis et mes testicules.** »

✱ « Elle s'est **allongée entre mes jambes** et m'a demandé si elle pouvait **me regarder me masturber**. J'ai adoré ! En général, **c'est plutôt moi qui regarde** ! »

tétons

Nos tétons ne sont peut-être pas aussi sensibles que les vôtres, mais ils sont toujours source de plaisir. Comme vous, nous avons plus de sensations si vous préparez le terrain. Voici quelques astuces pour jouer avec nos tétons !

à tâtons

- On **adore** quand vous **mélangez les sensations**. Commencez par **suçoter** nos tétons avant de les **mordiller**. Ou bien **caressez-les doucement** du bout des doigts, puis **pincez-les**.

- Après les avoir **léchés**, **soufflez** dessus : effet **chair de poule garanti** !

idée en

Cette fois, on va s'occuper du cuir chevelu. Un massage de la tête nous détendra, et vous ferez de nous ce que vous voudrez.

✱ Asseyez-vous par terre, **sa tête** sur vos cuisses. **Faites glisser** fermement le bout de vos doigts à la base de ses cheveux. Puis **effectuez des cercles** sur ses **tempes**. Recommencez jusqu'à ce qu'**il ronronne**.

tête

✱ Pour un effet maxi, effectuez le massage **en petite tenue** ou carrément **nue**.

✱ **Terminez le massage** en vous penchant en avant et en **l'embrassant passionnément**.

✱ Et pourquoi pas un **massage de la tête** quand il est sur le ventre, **la tête entre vos cuisses** ?

quel pied !

Figurez-vous que le fait de jouer avec nos orteils peut nous faire gémir de plaisir. Pourquoi ? Parce que ça nous rappelle la fellation. Alors sachez alterner léchouilles et suçotements pour plus de sensations.

* Lancez-nous **un regard de braise** quand vous vous **occupez de nos orteils**. Ajoutez des **léchouilles coquines**, et faites glisser vos lèvres de haut en bas avec une **exquise lenteur**.

* **Un bain à deux** est l'occasion idéale. Asseyez-vous à l'autre bout de la baignoire et prenez son **pied bien en main**. (Vous pouvez aussi commencer par le laver…)

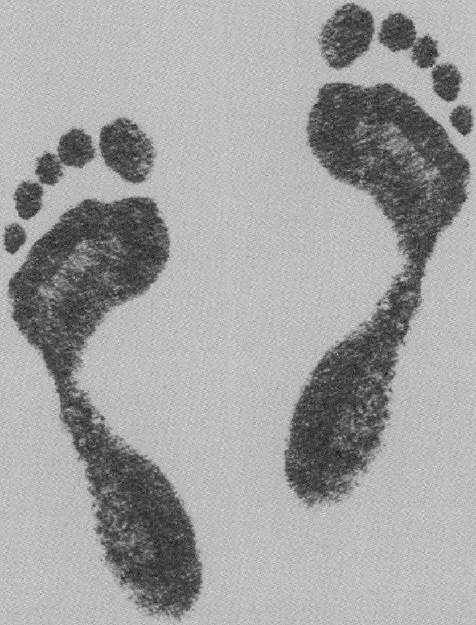

sans

Si vous avez les **cheveux longs**, faites-les glisser sensuellement **sur son torse**.

les mains

Qui a dit qu'un massage ne devait se faire qu'avec les mains ? N'hésitez pas à vous frotter contre nous avec d'autres parties de votre corps.

✱ Mettez-vous à **quatre pattes** au-dessus de lui et **caressez-le** avec vos **seins**. Ces caresses **douces** et **sensuelles** le **rendront fou**.

✱ **Faites-lui du pied**. Vos pieds aussi peuvent procurer de formidables sensations – caressez délicatement **son pénis avec vos orteils**.

à la hussarde

Parfois, on aime bien sortir de la routine ; ça nous excite, d'être un peu brutalisés. Et quand c'est vous le patron, on adore.

✱ Renversez-le **sur le lit** et bloquez-lui les **bras au-dessus de la tête**. Roulez-lui une **bonne grosse pelle**.

* **Faites-le rouler** sur le ventre et donnez-lui une **fessée.** Demandez-lui d'un air innocent : « **Oooh, je t'ai fait mal ?** »

ça vous

Qu'ont les filles que les mecs n'ont pas ? Des ongles longs, bien sûr. Un moyen de nous procurer des sensations très hot.

✱ « **Elle me chevauche** quand je suis sur le ventre et **me griffe doucement le dos**. Ça me donne des **frissons**. »

✱ « On avait eu une nuit **assez torride** et **mouvementée**, je me suis réveillé le **lendemain matin** avec des **griffures** sur tout le **torse**. Un souvenir plutôt cuisant ! »

gratouille ?

triple

Si vous voulez le faire hurler de plaisir, essayez ce massage sophistiqué.

* **Asseyez-vous** sur votre **homme** nu. Passez vos paumes **sur son torse et son ventre** avec une lenteur calculée. Descendez lentement mais sûrement jusqu'à son **pénis**.

gâterie

✱ Quand **son membre** est bien **dressé**, **enfourchez-le**. Continuez à **caresser son torse** avec vos paumes.

✱ Bougez de **haut en bas** au même rythme que **vous le massez**. C'est ce qu'on appelle un **massage « approfondi »**.

agui

che-
moi

maîtrise de

Votre langue est un de vos atouts les plus sexys. Elle est chaude, humide et on adore tout ce qu'elle sait faire. Baisers, pipes, suçons dans le cou, léchouilles d'orteil… oui, on est très fans.

la langue

* « On regardait la télé **allongés sur le canapé**. Elle a pris **ma main**, l'a portée à **sa bouche**, et elle **m'a sucé les doigts** les uns après les autres. Divin. »

* « Elle **mordillait le lobe** de mon oreille et j'ai senti **sa langue** s'introduire dans mon oreille. Puis elle **m'a emmené au lit** – c'était génial. »

* « Elle me fait **allonger sur le ventre**, et elle me **lèche** et me **mordille** sur tout le corps. **Le meilleur massage** que j'aie jamais eu. »

tout est dans

Ne sous-estimez **jamais** le pouvoir d'un **baiser** :

Il envoie un **signal très clair** de votre **désir**.

le baiser

* Prenez **délicatement** son visage dans **vos mains**, faites-lui votre **regard de braise** et embrassez-le **tendrement**. Introduisez petit à petit votre **langue** dans sa **bouche**. Embrassez-le **longtemps** et avec **sensualité** – s'il s'éloigne, dites-lui : **« Encore… »**

* **Redoublez** d'effet en le poussant **contre le mur** le plus proche et en lui roulant une **méga pelle**. Pressez fermement **votre bassin** contre le sien : **érection garantie** !

coups de langue

Cela a un petit côté pervers – c'est sans doute pour ça qu'on adore. Vous avez juste besoin d'une posture sexy, d'une langue humide et d'un homme nu.

* **Emparez-vous de son pénis** et tirez **la langue** le plus possible. Regardez-le d'un **air salace**. Puis **frappez son gland** sur le **plat de votre langue**. Recommencez plusieurs fois, mais pas trop vite – il faut **créer l'anticipation** entre chaque tape. Visuellement, c'est **très excitant**. De plus, cette **tape humide** donne des sensations **fantastiques**.

le point

Notre point U (le méat, en fait) est peut-être petit, mais il peut nous donner beaucoup de plaisir, alors accordez-lui un peu d'attention, SVP.

U

✱ On **adore** quand vous accordez une **attention toute spéciale** à notre point U au **début d'une fellation** ; on est **si tendres et si sensibles** à ce moment-là que l'on est particulièrement réceptifs.

✱ Placez le **bout de votre langue** juste **au-dessus du gland**, sans le toucher. Attendez quelques secondes puis effectuez des **cercles** du bout de la langue **autour du point U**. (Levez les yeux et faites-lui un **clin d'œil coquin** si ça vous chante.)

un peu de

Quand ça devient torride, apporter un peu de fraîcheur peut se révéler très excitant.

* Pendant un **massage du dos**, faites descendre votre **langue chaude et humide** le long de sa **colonne vertébrale**. Puis **soufflez de l'air frais tout du long**. Même chose sur son **cou** et ses **tétons**.

fraîcheur

* Pour **pimenter une fellation**, faites une pause et envoyez un **long souffle d'air frais** sur son **membre en érection**. Sa **peau** échauffée frissonnera d'un **plaisir intense**.

La règle d'or de la fellation

sans les

Sauf **petit mordillement**
avec accord préalable.

dents

en route

vers le sud

Parfois, le plus important c'est le voyage, pas la destination. Tandis que votre bouche sensuelle descend vers le sud, on adore être titillés et émoustillés en chemin.

* « Elle fait comme si elle **descendait le long de mon corps**, mais elle **remonte sans cesse pour m'embrasser**. Ça me rend **fou de désir**. »
* « Elle s'est mise à **ramper lentement** sur mon corps à **quatre pattes**, tête-bêche, en me disant : "Tu peux regarder, mais pas toucher." »
* « Elle m'a embrassé les orteils, puis elle est remontée le long de **l'intérieur de ma jambe**. Je sentais son **souffle chaud sur mon pénis**. »

un

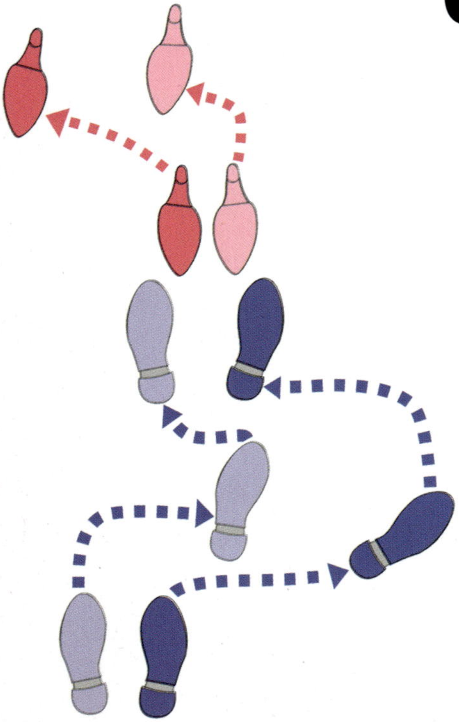

deux trois

Tout est dans la surprise et l'anticipation. Et c'est nettement mieux que les danses de salon.

* Au cours d'une fellation, faites **neuf allers-retours rapides**, puis au dixième, **plongez son sexe le plus loin possible** dans votre gorge. Gardez-le bien dans cette zone **chaude, humide et glissante** et regardez-le **défaillir de bonheur**.

gorge

Avaler ou ne pas avaler ?

chaude

Certains hommes rêvent de vous voir **boire leur nectar**. D'autres sont déjà bien contents que vous **descendiez à la cave**. Demandez-lui ce qu'il aime, mais la plupart seront déjà comblés si vous faites ce qui suit :

✱ Quand il est sur le point de **jouir**, laissez votre main prendre le relais. Faites **tourner votre langue** au-dessus de son gland. Vous n'êtes pas obligée de prendre son jus en bouche : la simple vue de **votre langue et de votre bouche ouverte** le comblera de **plaisir**.

Vous voulez lui donner une autre expérience de la fellation ? C'est simple : ne faites rien et laissez-le faire. Il adorera cette sensation de prise de contrôle.

prise de

* Il est **debout** et vous **à genoux** devant lui. Prenez **son pénis** dans votre **bouche**. Resserrez **vos lèvres** autour et ne bougez pas la tête.

contrôle

✱ Il fait des mouvements de va-et-vient mais c'est vous qui gardez le contrôle. Utilisez **vos mains** pour agir sur la **vitesse**, l'**intensité** et le **rythme**.

pole

On adore toutes sortes de caresses buccales, mais si vous avez envie d'en expérimenter de nouvelles, en voici deux que nous apprécions particulièrement :

* « **Je suis assis** au bord de ma **chaise de bureau**, elle **s'agenouille entre mes jambes** et ouvre ma braguette. »

* « Je me mets à **quatre pattes** sur le lit et elle **se glisse sous moi**. »

position

terra

Ce n'est pas du goût de tout le monde, mais pour les membres du fan club de l'anulingus, il n'y a rien de plus intense que d'être léché à cet endroit si intime.

incognita

* **Surprenez votre homme** quand il sort de la douche ; **avec votre langue**, effectuez un **détour sexy** depuis son **pénis jusqu'à son périnée**. Donnez des petits coups de langue sur **son anus**.

* Servez-vous du plat de **votre langue** pour **tournoyer**, **lécher**, **appuyer**, **laper** et **fouiner**. Gardez votre langue toujours **humide et en mouvement**. Si vous êtes dans la bonne position pour le faire, **stimulez aussi son sexe** avec la main.

divin

N'hésitez pas à nous inviter à faire un 69 – on adore cette séance de léchage mutuel. En fait, ne le demandez même pas : placez votre corps de manière à nous l'imposer.

* Pour **plus de confort**, installez-vous **tête-bêche**, mais sur le côté. Posez la **tête** sur les **cuisses de l'autre**, puis commencez les **léchouilles**.

✱ Vous avez **l'âme d'une athlète** ? Tentez la position à **quatre pattes** au-dessus de lui, votre **sexe surplombant** son visage, et penchez-vous en avant pour **le sucer**. Ou bien faites-le se mettre à quatre pattes et glissez-vous sous lui, comme un garagiste sous une voiture. Assurez-vous que votre sexe soit bien sous sa bouche.

séd

uis-
moi

faites-

C'est peut-être un cliché, mais c'est vrai : on veut toujours ce qu'on ne peut pas avoir. Le simple fait de se poser la question (« Elle veut ? Elle veut pas ? ») fera exploser notre libido.

VOUS
désirer

* « Ma **copine** se balade en **dessous sexy**. J'essaie de l'attirer au lit, mais quand elle me dit **"Pas question !"** ça me fait **bander comme un fou**. »

* « Je lui ai demandé de venir au lit, mais elle a **souri et refusé** jusqu'à ce que je lui dise exactement ce que **j'allais lui faire**. »

le top

Les mecs adorent les filles qui jouent avec leur sensualité. Ça prouve qu'elles sont à l'aise avec leur corps et qu'elles aiment faire l'amour.

du hot

* Si vous **désirez vraiment un homme**, dites-le-lui **franco**. **Vos compliments** lui iront **droit** aux **parties génitales**.

* **Déshabillez-vous trèèèès lentement**. Laissez **ses yeux se régaler** de votre corps. Et **prenez plaisir** à être regardée.

préliminaires

Pour la majorité d'entre nous (hommes ou femmes) les préliminaires ne sont qu'un prélude à l'amour. Essayez une approche différente.

toujours

✱ Envoyez-lui des **SMS ou des mails coquins** tout au long de la journée. **Posez-lui des questions** qui l'obligent à **penser au sexe**. « J'ai hâte de **t'embrasser**. Que vais-je embrasser **en premier** : ta **bouche** ou ta **...** ? »

✱ **Appelez-le** quand il est sur le **chemin du retour** : murmurez-lui que vous trouvez le **temps long**.

réveil coquin

Réveillez-le doucement en prenant son sexe dans votre main. S'il répond en grognant de plaisir, mettez-vous sur lui et glissez-le en vous. Bougez avec sensualité et augmentez peu à peu la vitesse. C'est la meilleure façon pour lui de commencer la journée. Surtout si, en plus, vous préparez le café.

Les **hommes** ont souvent une **érection** le matin, et leur **taux de testostérone** est à son maximum.

petite **démo**

On adore quand vous nous montrez exactement comment faire…

* **Caressez-vous** devant lui. **Montrez-lui** où vous aimez être touchée. **Félicitez-le quand il le fait bien**.

* « **Tes mains** me rendent **folle** » est toujours un **beau compliment**.

* Si vous êtes **intimidée, fermez les yeux** et savourez le **plaisir** de satisfaire un de ses **fantasmes** les plus **torrides**.

La règle d'or des préliminaires

le flirt

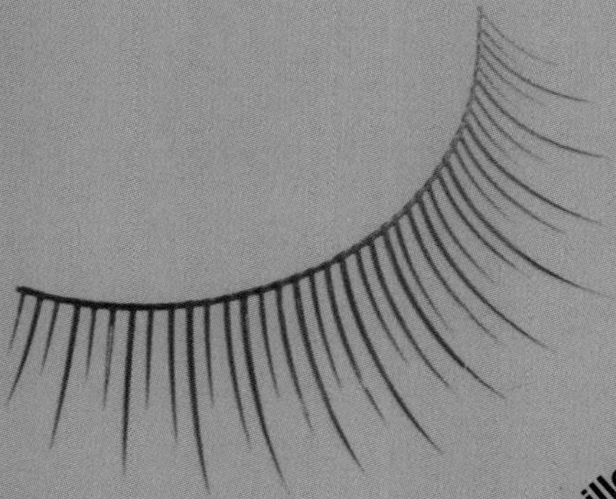

Tout le temps. Au **lit** et **ailleurs**.

✱ Lancez-nous des **œillades suggestives**. Envoyez-nous des **SMS cochons**. Appelez-nous au bureau. Dites-nous que **nous sommes beaux**. Ça nous suffit

gym

Voici un truc que vous pouvez faire dans n'importe quelle position et qui décuplera vos sensations à tous les deux :

* **Serrez son pénis** de l'intérieur en contractant les **muscles de votre vagin**. Vous ressentirez une connexion très étroite entre vous deux. De plus, ça raffermira vos muscles et **améliorera vos orgasmes**.

sexy

✱ Encore mieux : **pressez** et **pompez** son sexe comme si **vous alliez le traire**. Essayez ce geste quand il est à **deux doigts de jouir**.

vite fait

Peu d'hommes résistent à un petit coup vite fait. Ça remet l'acte sexuel dans sa fonction première, et puis c'est torride et animal : bref, décollage de la fusée garanti !

- Suggérez **un quickie** quand vous ne disposez que de **quelques minutes**. Ne perdez pas de temps à vous déshabiller – enlevez juste **votre culotte**.

- Penchez-vous **en avant**, lui derrière, **pour une levrette**. Utilisez le **mobilier**, **table** ou **canapé**, pour vous soutenir.

- **Pour plus d'adrénaline**, choisissez un **endroit à risque** : un **bureau**, des **toilettes publiques**, un **escalier de secours**…

tout doux

On aime parfois prendre le chemin des écoliers. Accentuez la tension et intensifiez le désir en prenant votre temps.

- **Prenez ensemble un bain bien chaud** puis allez dans la **chambre juste éclairée de bougies**. Câlinez-vous pendant une heure avant de faire l'amou

- Faites-le s'allonger sur le ventre et **embrassez-le lentement** tout le long du corps. Ne le faites se retourner que quand **il tremble de désir**.

* **Passez une après-midi au lit**. Faites le plein de **mets délicieux**, de **champagne**, d'**huile de massage** et de **sex toys**. Restez au lit pendant au moins **quatre heures** !

la fille du dessus

Pour bien des hommes, c'est LA position excitante. Faites-le s'allonger sur le dos et grimpez-lui dessus. C'est parti.

* « J'adore **la voir me chevaucher** : ses seins, son ventre, le **plaisir sur son visage**. »

* « Elle **jouit très facilement** quand elle est au-dessus. C'est **hyper excitant**. »

* « Elle **bouge les hanches** très vite – c'est **explosif**. »

la fille

Nous aussi, on adore être au-dessus ! On aime l'intensité du face-à-face et avoir le contrôle du mouvement. Mais si vous voulez rendre cette position plus intéressante, essayez ceci :

* Entourez-le de **vos bras** et de **vos jambes**, comme un **koala**. **Balancez-vous** pour un résultat explosif.

* **Levez les jambes** et **ouvrez-les** en un **grand V** – c'est sexy en diable et ça lui indique que **vous prenez votre pied**.

du dessous

* Croisez **vos chevilles autour de son cou**. C'est intense, **passionné**, et ça garantit une **pénétration profonde** qui vous donnera du plaisir à tous les deux.

trucs de

Vous voulez un peu plus de fantaisie quand il est dessus ? Essayez ces variantes du missionnaire : placez de bons gros coussins ou un oreiller sous vos fesses. Cela vous surélève et lui permet de vous pénétrer facilement.

✱ **Refermez les jambes** une fois qu'il est en vous – cette **« fermeture des portes »** lui donne une délicieuse **sensation d'étroitesse** et accentue le **plaisir du va-et-vient**.

missionnaire

* De temps en temps, **agrippez ses fesses** et **poussez-le si fort** en vous qu'il ne peut plus bouger. Puis **remuez les hanches** et savourez **l'expression sur son visage**.

coquin côte-à-côte

Parfaites pour la **grasse mat' du dimanche** ou le **sexe de minuit**, ces positions sont **relaxantes** et très **intimes** :

Mettez-vous en « **petites cuillères** », sur le côté, votre dos contre son torse. Serrez-vous contre lui. Il fera le reste.

Ou bien face à face, **blottissez-vous** contre lui et **embrassez-le**. **Faites glisser** votre jambe le long de son **mollet** et de sa **cuisse**, puis **enserrez sa taille**. Vous êtes maintenant en bonne position pour **un peu d'action**.

après

Rien n’est plus torride que de prendre sa partenaire par derrière. Et on adore le spectacle : rien que la vue de vos fesses nues intensifie notre désir.

VOUS

✱ Choisissez la **position debout**, **à genoux** ou **allongée**. Si vous voulez **faire les trois**, commencez par la position **debout** ! Surtout si vous êtes tous les deux **super excités** – la pénétration sera aisée et vous procurera un moment de pur bonheur. Quelques **mouvements** et **ondulations sensuelles** des hanches seront grandement appréciés.

places

L'amour debout signifie une chose pour les hommes : vous avez envie de nous ici et maintenant. Alors faites-le-lui comprendre, et il se sentira l'homme le plus désiré du monde.

debout

✱ « **Nous étions montés** à l'étage lors d'une soirée. Elle s'est **adossée au mur** et m'a serré contre elle. **Je n'ai pas résisté bien longtemps...** »

✱ « Elle **s'est tournée face au mur**, les mains levées au-dessus de la tête, comme pour me dire : **"Prends-moi !"** C'est très excitant et c'est ma position préférée. »

en sou

Les femmes sont souvent plus souples que les hommes ; vous parvenez à vous mettre dans des positions étonnantes qui ne nous auraient jamais traversé l'esprit.

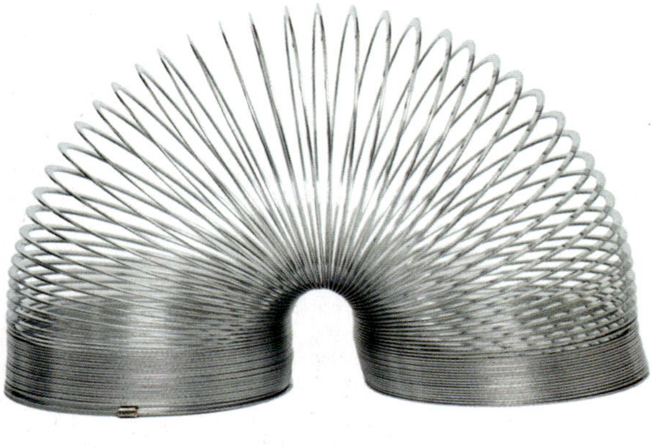

plesse

* Placez un **oreiller ou un coussin** sous vos reins pour en augmenter la cambrure et permettre **de nouvelles positions**.

* Vous connaissez **la position** où il vous **soulève** et où vous **enroulez vos jambes** autour de **sa taille** ? Allez plus loin **en vous cambrant** de façon à vous tenir **en équilibre** sur **les mains**.

* **Asseyez-vous** à califourchon sur lui quand **il est allongé**, puis **cambrez-vous** jusqu'à ce que **votre tête** atteigne ses pieds.

prenez un siège

Faire l'amour assis éveille beaucoup de choses chez un homme : c'est excitant et on adore être face à vous pour vous embrasser, sentir vos seins contre nous. Et c'est vous qui menez la danse.

* Vous voulez **augmenter l'amplitude** de vos **mouvements** ? **Accroupissez-vous** sur lui au lieu de vous asseoir. Puis **accrochez-vous** à ses épaules, et c'est parti !

* Pour rendre **l'affaire plus torride**, tournez-lui **le dos**. Attrapez **ses genoux** pour un meilleur **appui**.

* **Canapé**, **chaise de cuisine**, **rocking-chair**, **balançoire**, **banc** tout est envisageable.

orgasme

Suivez ces quelques conseils si vous voulez nous donner un orgasme digne d'un feu d'artifice.

Astuce : à utiliser avec parcimonie pour plus d'effet

explosif

✱ « Quand je suis **sur le point de jouir**, elle **glisse sa main** entre ses jambes et fait un **V de ses doigts** pour enserrer la base de mon pénis. La **sensation est incroyable**. »

✱ « **Elle me surprend** avec une **grosse claque sur les fesses** – le choc est **délicieux**. »

✱ « Elle **appuie** à un **endroit** situé juste à l'avant de mon **anus**. C'est **incroyablement érotique**. »

dans la

Marre de **la chambre** ? Pourquoi ne pas essayer **la cuisine** ?

cuisine

* L'idée de **faire l'amour** sur le **plan de travail** nous excite beaucoup : **rompre un peu la routine**, c'est génial. Et comme on a les **mains libres**, on peut **bien s'occuper de vos seins**.

* Attirez-nous **dans la cuisine** en disant que vous avez **besoin de notre « aide »**. Installez-vous alors sur la table ou sur le plan de travail, et **écartez les jambes** d'un **air coquin** (bien sûr, vous **avez oublié** de mettre **une culotte**).

bain vapeur

La salle de bains est un endroit génial pour faire des cochonneries. Que ce soit pour jouer aux mains baladeuses sous la mousse ou pour un quickie derrière la porte fermée à clef, cette pièce est idéale pour un moment coquin et humide.

✱ **Penchez-vous** sur **le lavabo** pendant qu'il vous **prend par-derrière**. Faites couler de **l'eau froide** et aspergez-le de temps en temps.

✱ Partagez un **bain érotique** : massez-vous l'un l'autre avec de l'**huile parfumée**, puis excitez-vous avec un **petit canard en caoutchouc**.

en plein

air

Dans la nature c'est, euh… sauvage. Peut-être est-ce dû à l'attrait de la nouveauté, à l'air frais sur nos parties, ou bien à la crainte d'être surpris…

✱ « On a fait **l'amour sous un arbre** dans un **parc**. Au départ, on voulait **s'abriter de la pluie**, mais on s'est **laissé emporter**. »

✱ « On a trouvé un **bout de plage à l'écart**, on s'est **cachés sous une couverture** et on a **essayé d'être discrets**. Mais on n'a pas pu empêcher **quelques gémissements** de filtrer. »

girl

Ce sont souvent les mecs qui font tout le boulot pendant l'acte sexuel. Pourtant, les filles aussi peuvent donner des coups de boutoir, sans forcément être au-dessus. La prochaine fois que vous êtes dans la position du missionnaire, essayez ceci :

✱ Alors qu'il se **tient sur les bras** comme pour faire des pompes, dites-lui de ne plu[s] bouger. **Levez les hanches** et **bougez rapidement le bassin**. Imaginez que vos hanches sont **« motorisées »**.

power

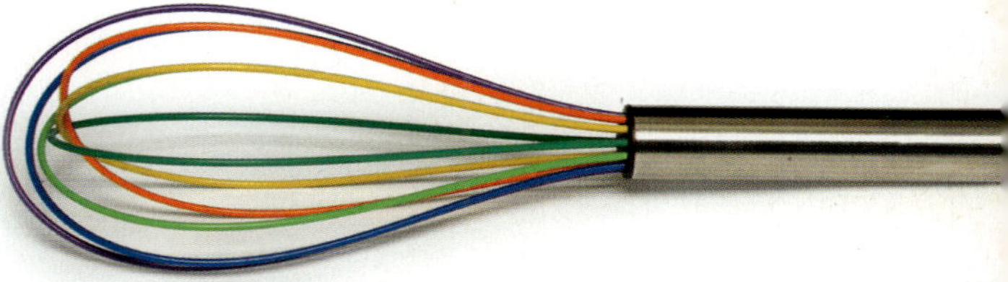

✱ Essayez aussi de **rouler des hanches**. Il **adorera cette sensation**. En fait, **ne vous étonnez pas** qu'il **jouisse rapidement**.

débit

C'est arrivé à tous les mecs : on croit que tout est sous contrôle et soudain – PAF – le coup part. Voici comment retarder ce moment au maximum afin d'arriver ensemble sur la ligne d'arrivée :

✱ **Tirez sur ses testicules**. Oui, oui. **Prenez-les dans une main** et **tirez doucement** dessus. À faire quand vous sentez qu'il va **bientôt atteindre le point de non-retour**.

différé

✱ Détournez son attention en **massant fermement** une partie de son corps. Ses cuisses, son dos ou ses épaules, peu importe, **du moment que ça le distrait de son pénis**.

✱ **Suggérez une pause** – pour lui, ce sera l'occasion rêvée de **s'occuper un peu de vous**. Tout le monde est gagnant !

Certains jours, on a besoin d'**un peu de persuasion** ou d'**un petit coup de main.**

petite **forme**

* « **Elle se blottit derrière moi** en position de petite cuillère, et **me caresse tendrement**. Même quand je suis fatigué, **c'est dur de dire non**. »

* « **Elle m'emmène au lit** et me **masse le cou** et les épaules. Puis elle me fait des **baisers** le **long du dos**. Le temps que **je me retourne**, j'ai déjà un **début d'érection**. »

un petit

✱ Après l'amour, on s'écroule souvent, **fourbus et épuisés**. Ce qui ne veut pas dire qu'on n'apprécie pas un peu de **tendresse post-sexe**. Alors **murmurez-nous** des douceurs.

✱ Passez un peu de temps au lit ensemble. Prévoyez **quelque chose à manger**. Donnez-vous l'un l'autre des cuillerées de **votre glace préférée** ou des **grains de raisin**. Considérez ça comme du **carburant pour un deuxième round**.

dessert ?

fais-

pl

moi
aisir

lancez

Surprenez-nous. Faites-nous vivre une nuit de passion pleine d'imprévus grâce à cette version sexy du jeu de dés.

les dés

✱ Emportez **un stylo et du papier** au lit. Écrivez chacun le nom de vos **trois positions préférées**. **Numérotez-les** de **1 à 6**. **Jetez un dé** pour savoir laquelle vous **allez faire en premier**.

✱ Laissez les dés prendre **d'autres décisions** : **l'endroit** où vous allez faire l'amour, **ce que vous porterez**, **quel jeu de rôle** vous allez expérimenter, les **défis sexuels** que vous vous lancerez, ou encore le nombre d'orgasmes que vous devrez atteindre.

ça pétille !

N'attendez pas une occasion spéciale pour nous séduire avec une bouteille de champagne. Pourquoi pas une petite coupe coquine juste pour le plaisir ?

✱ **Chevauchez-le**, une **coupe de champagne** à la main et le **regard suggestif**. Donnez-lui un **« baiser pétillant »** : laissez le **champagne couler** doucement de votre bouche dans la sienne.

✱ Prenez une autre gorgée, puis **glissez** son pénis dans **votre bouche pleine de champagne**. Peu importe si ça coule **(ça vous donnera une raison supplémentaire de le lécher)**.

poses

Une séance photo érotique est source de fantasmes pour de nombreux hommes. Suggérez-lui de passer derrière l'objectif, vous jouerez le rôle du modèle.

- Mettez-vous à cheval sur une chaise, comme dans *Cabaret*. Lancez-lui votre regard le plus aguicheur.

- Asseyez-vous face à lui, cambrez le dos et écartez les cuisses avec vos mains.

- Asseyez-vous de profil, levez une jambe et enlevez lentement votre bas.

érotiques

bande-

Quand vous dévoilez furtivement une partie de votre corps, ça nous fait saliver. Même si on ne vous saute pas dessus tout de suite.

* « Elle met une minijupe et **pas de culotte**, puis elle se penche comme si elle ramassait quelque chose. Elle fait ça pour **m'exciter** – et ça marche ! »

* « **J'adore** quand elle lit et que la **bretelle de sa nuisette** tombe de son épaule et dévoile le **haut de son sein**. »

annonce

✱ « On dînait dans un restaurant. J'ai regardé sous la table et **j'ai vu que sa robe** était remontée et dévoilait **le haut de ses bas**. J'ai eu envie d'elle là, **tout de suite**. »

mmmmmmm...

Quand on fait l'amour, c'est bon de savoir que vous prenez autant de plaisir que nous. C'est pourquoi on adore vos gémissements, vos soupirs, vos « mmmm » et vos « aaahh » ça nous donne l'impression d'être des experts.

✱ Inutile de **jouer la comédie**, avec **cris**, **hurlements** ou **soupirs** à réveiller **les voisins**. Des **petits halètements**, des gémissements ou des **« ouiiiii »** de plaisir suffiront amplement.

✱ Si **vous avez envie** de **hurler notre nom** dans un moment d'**extase**, notre **ego s'en sentira flatté**.

… ouuiiiii!

plaisir

Les bandeaux sont de super sex toys. On en met un sur les yeux, et subitement, c'est vous qui faites la loi. Ou bien c'est vous qui le mettez et c'est à nous de mener la danse.

✱ « **Elle est entrée** dans la salle de bains et m'a mis **un bandeau sur les yeux** pendant que je prenais **mon bain**. Je l'ai entendue **se déshabiller**. Puis elle s'est retrouvée **dans la baignoire**, à me caresser avec ses **mains** pleines de savon. **Génial**. »

aveugle

* « Elle m'attendait dans la chambre, uniquement vêtue **de lingerie et d'un bandeau**. Elle m'a dit que je pouvais faire d'elle ce que je voulais. C'était **terriblement sexy**. »

jeux

On adore l'eau. On adore être avec vous sous la douche, dans la baignoire, le jacuzzi. Si vous voulez des idées, essayez celles-ci :

d'eau

✱ Un jour d'été **chaud et étouffant**, entraînez-le dans le jardin faire une **bataille d'eau**. Battez-vous pour savoir qui aura le tuyau ou l'arrosoir, et qui sera le **plus mouillé des deux**. Les vêtements de rigueur sont un **bikini** et un **T-shirt blanc moulant**.

✱ Lors d'une **chaude soirée**, apportez des **glaçons au lit**. On adore la **sensation de la glace** qui fond sur la peau brûlante, que ce soit la nôtre ou la vôtre.

miroir

Se regarder en train de faire l'amour est très excitant. Pas besoin d'un miroir au plafond, il suffit d'en avoir un à côté du lit.

magique

✱ Pour de plus **fortes sensations**, faites **l'amour debout** devant le **miroir**. Il **vous soulève**, vous **l'entourez de vos jambes** et il **regarde dans le miroir**. Ou bien **vous vous penchez** en avant alors qu'il est derrière vous. En relevant la tête, **vous attrapez son regard** dans le miroir et vous lui faites un clin d'œil : **effet garanti**.

rasage

Beaucoup d'hommes aiment un petit buisson bien taillé. Certains préfèrent une jungle fournie, d'autres un espace complètement déboisé, ou une allée bien droite.

* La prochaine fois que vous prenez un bain ou une douche à deux, **invitez-le** à vous faire une **nouvelle coupe**.

* Une fois bien épilée, demandez-lui de vous **passer de la lotion** et de finir avec **un baiser**.

sensuel

le saint

Les hommes raffolent des seins. C'est un fait. De toutes les tailles et de toutes les formes. On adore les regarder, les toucher, les embrasser et s'y blottir. Alors au lit soyez fière de les exhiber. Et profitez de l'attention qu'on meurt de leur accorder.

des seins

✱ « **J'adore** quand elle se penche sur moi et que je **sens ses seins** sur mon visage. »

✱ « Elle **me laisse la regarder** quand elle s'enduit les seins **d'huile de massage**. Puis elle me demande de la faire pénétrer (l'huile) **en la massant**. Ça m'excite à mort. »

✱ « Quand elle **me taille une pipe**, elle fait parfois une pause pour **caresser mon corps** de haut en bas avec **ses seins**. **Ça me rend dingue**. »

strip-

Féminin et très sexy, le concept du strip-tease nous intrigue. Mettez des bas, des talons, une guêpière, des plumes, et déhanchez-vous avec sensualité sur votre musique préférée. Excitez-nous en vous effeuillant lentement.

tease

capote

L’enfilage de la capote : un moment qui peut faire flancher le plus costaud d’entre nous. On a peur de mal la mettre, de perdre notre érection ou autre chose. Si vous pouviez nous faciliter le travail, nous vous en serions très reconnaissants.

experte

* Devenez la **reine de la capote** : enfilez-la-lui **si rapidement** qu'il ne se rendra même pas compte de ce qui lui arrive. **Entraînez-vous** sur un **concombre** bien ferme.

messages

Utilisez votre imagination pour pimenter le quotidien. Envoyez-lui par mail une liste de choses à faire, mais avec une petite différence. Au lieu des corvées classiques, préparez une liste de tâches un peu particulières pour la nuit à venir.

20 h : Caresser
mon corps nu
avec une plume.

coquins

21 h : Attacher
mes poignets
t m'embrasser
artout.

21 h 30 : Me
mettre un bandeau,
puis me donner
à manger.

22 h : Me faire
l'amour !

sexe

Grâce au portable, les jeux coquins ne se limitent plus à la chambre à coucher – ni à la même ville ou au même continent. Le sexe est possible n'importe où. Considérez votre téléphone comme votre nouveau sex toy.

appel

* Passez-lui un **coup de fil torride** alors que vous êtes **loin l'un de l'autre** et que vous avez très envie de lui. Dites-lui à quel point **il vous manque** et combien **vous le désirez**.

* **Dites-lui** ce que vous êtes en train de faire **(vous êtes allongée sur le lit)** et ce que vous portez **(rien)**.

* Demandez-lui d'**imaginer vos lèvres** sur son corps et son sexe dans **votre bouche**. Puis jouez mutuellement avec vos **dix doigts.**

pleins

On adore voir vos seins, votre visage, vos jambes en fait, tout. Alors on préfère quand la lumière est allumée.
Mais si une pièce trop éclairée vous donne l'impression de vous exhiber, les bougies c'est bien aussi.

feux

✱ Pour un décor un peu **plus sexy**, échangez l'**ampoule blanche** habituelle de la chambre contre **une rouge**. **Ambiance « maison close »** garantie.

plaisirs de

la bouche

Comme vous, on apprécie un bon dîner arrosé d'un bon vin. Pas besoin de faire des folies. Un simple repas à la maison fera l'affaire : simple mais sexy.

✱ « Je suis **rentré du travail** et elle m'a tendu un verre de vin. Puis elle m'a donné **un menu écrit à la main**. Elle avait fait tous mes plats préférés. Et pour le **dessert**, elle avait écrit : **Moi**. »

Si vous vous retrouvez seuls autour d'u

piscine

Une fois dans la piscine, faites-le s'asseoir au bord du bassin. **Faites glisser son sexe directement** de son maillot à votre bouche.

scine, plongez. *L'amour dans l'eau, c'est génial.*

coquine

Dès qu'il est prêt, il peut vous rejoindre dans l'eau. **Enroulez vos jambes autour de lui**, vous vous sentirez plus légère.

de **l'au**

On aime quand vous devenez audacieuse et entreprenante. N'hésitez pas à prendre les choses en main et à nous dire quoi faire. Ce sera un plaisir de devenir votre objet sexuel

dace...

* Faites-le s'asseoir sur une chaise et dites-lui de **ne pas bouger** (attachez-lui les poignets si vous n'avez pas confiance).

* **Déshabillez-vous**, un vêtement à la fois. **Caressez** les parties de votre corps au fur et à mesure que vous les dévoilez.

* Votre culotte enlevée, glissez une main entre vos jambes et masturbez-vous. N'hésitez pas à **nous grimper dessus**.

sexy

Les hommes et le shopping, ça fait deux. Une exception pourtant : on aime bien acheter des gadgets sur le Net. Nous serons très heureux de rechercher des sex toys sur notre ordi, surtout nus au lit avec vous.

shopping

✱ Jouez aux **critiques professionnels** qui discutent **des qualités et des défauts** de chaque objet. Passez-les en détail et **achetez vos préférés**.

✱ S'il ne sait pas à quoi sert un objet en particulier, dites : **« Hmmm, je crois** qu'il sert à ça », et faites **une démonstration** avec les mains ou la bouche.

tiré par les

Vos cheveux nous donnent des frissons, la chair de poule ou des chatouillis. Oh, et au fait, on adore quand ils sont tout emmêlés…

cheveux

✱ « Elle s'assied sur moi, nue, puis **elle ôte son chouchou**. J'adore quand ses **cheveux tombent en cascade** sur ses épaules. »

✱ « Elle **entoure mon sexe en érection de ses cheveux**, puis elle les enlève doucement. **C'est génial**. »

✱ « Elle me chevauche, le dos face à moi, et **se cambre** de telle manière que ses cheveux me chatouillent le torse. **Hmmm**. »

oh

my

Il paraît que les filles s'amusent bien avec les vibromasseurs. On aimerait tellement partager votre excitation… pourquoi ne pas nous inviter à une partie à trois ?

gode !

* Rien que **le fait de regarder** le fera bander – offrez-lui **une démonstration en direct live**. Ou bien laissez-le faire le travail : tenir **le vibro** contre **votre clitoris** et **vous pénétrer** en même temps.

* **À lui maintenant**. Faites doucement **glisser le vibromasseur sur son sexe**, de haut en bas.

bien emballé

Caressez-le à travers le tissu…

Jouez avec lui quand il est allongé sur le lit, uniquement vêtu d'un slip. Tracez avec vos doigts le contour de ses organes génitaux à travers le tissu : cela devrait le réveiller d'une manière très intéressante.

✱ **Échauffez ses sens** en rapprochant **vos lèvres** de sa zone sensible et en soufflant de **l'air chaud** dessus. Vous pouvez également **mordiller délicatement** son sexe à travers le tissu.

✱ Continuez jusqu'à ce qu'il **fasse éclater les coutures**.

un peu de

Sautez le dîner et allez plutôt faire de la gym ensemble. L'exercice physique améliore la circulation sanguine, augmente le rythme cardiaque, dynamise la libido et procure des orgasmes plus rapides et plus intenses.

moiteur

* Lancez-lui des **regards aguicheurs** pendant que vous **pédalez**, que vous **faites des flexions**, des **pompes**…

* Une fois rentrés chez vous, commencez à **vous embrasser goulûment**, le corps encore tout couvert de sueur (l'odeur de transpiration a des **vertus aphrodisiaques**).

* Allez vous **doucher ensemble**, enduisez-vous de **savon**, et donnez satisfaction à **toutes vos envies**.

soirée ciné

Choisissez un film X. Ça lui plaira beaucoup, mais vous regarder l'eXcitera encore plus. Interdisez tout contact physique pendant le premier quart d'heure, et laissez monter la tension.

portez le **chapeau**

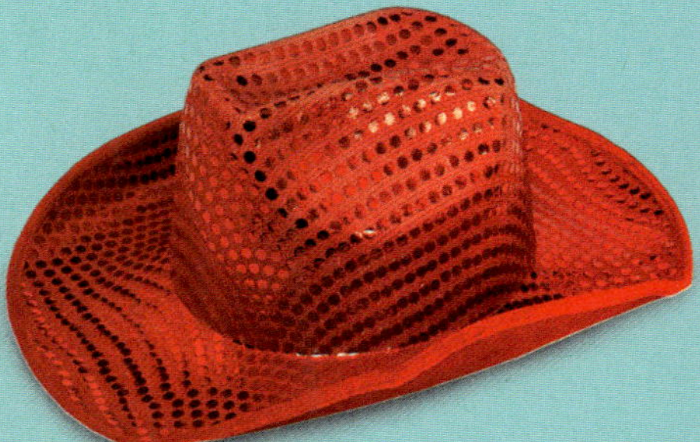

Allez au lit avec un chapeau. Cela peut sembler bizarre, mais c'est une façon sexy et coquine de nous dire de quelle humeur vous êtes. Prenez cela comme un simple jeu de rôle.

Portez ces chapeaux selon votre humeur :
Stetson = passion débridée
Képi = dominance sexuelle
Feutre de gangster = cochonne et fripouille
Coiffe de soubrette = aguicheuse et coquine
Coiffe de bonne sœur = pécheresse qui s'ignore
Haut-de-forme = que le spectacle commence !

tout **le**

Là, c'est facile. Faites juste le contraire de ce que vous avez l'habitude de faire.

contraire

* Au lieu de porter des **dessous rouges hyper sexy**, optez pour le **blanc virginal**.

* Au lieu des **pétales de roses** ou des **bougies**, choisissez un **film** ou un **magazine porno**.

* Au lieu du **missionnaire**, faites-le **debout**.

* Au lieu de la **chambre**, essayez le **jardin**.

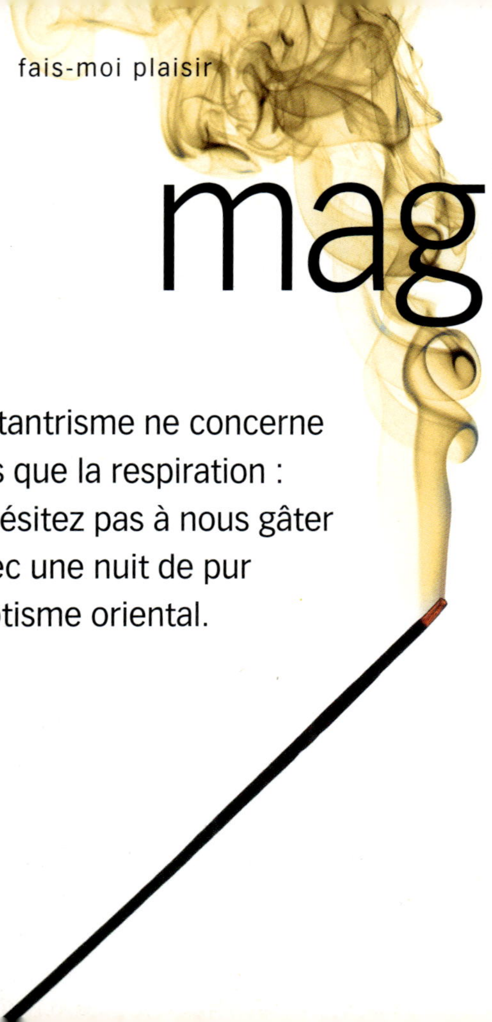

magie

Le tantrisme ne concerne pas que la respiration : n'hésitez pas à nous gâter avec une nuit de pur érotisme oriental.

orientale

* Remplissez la chambre d'**odeurs exotiques et musquées**, et de **bougies aux lueurs mouvantes.**

* Dansez tous les deux sur une **musique lente, sexy et rythmée**.

* Prenez le temps d'explorer vos corps grâce à des **massages**, des **préliminaires**, puis **faites l'amour lentement**.

le sexe par

vous en avez déjà entendu parler ?

es nombres

Inscrivez les chiffres de **1 à 10** sur votre corps à l'aide d'une **peinture comestible au chocolat**. Réfléchissez bien à leur emplacement : notre boulot consistera à les suivre **en léchant, en caressant et en s'occupant royalement** de chacune des parties concernées de votre corps. On commence bien sûr par le chiffre 1 pour finir en beauté à 10.

un point, c'est tout

On adore l'idée de vous faire jouir grâce à votre point G. Le problème, c'est qu'on n'arrive pas toujours à mettre le doigt dessus. C'est pourquoi on aime bien profiter de vos cours particuliers.

!

Tendez-lui un gode. Laissez-le l'introduire en vous, **et criez « Là ! »** quand vous sentez le plaisir monter à un endroit précis. Exprimez par **des mots, des gémissements ou des contorsions** la façon dont vous souhaitez être stimulée. Puis **remplacez le godemiché par son doigt** et aidez-le à **trouver votre point G**, qui devrait désormais être **facile à déceler**.

haut

Les chaussures à talons nous font toujours beaucoup d'effet. Talons aiguilles ou cuissardes moulantes, notre regard sera hypnotisé par vos jambes.

perchée

* « Elle m'a enjambé et ne portait que **des bas et des talons hauts**. Puis elle est **lentement descendue** sur moi. **Dur, dur** de me contenir. »

* « Elle m'a appelé de la chambre : **elle était allongée** sur le lit, uniquement vêtue d'**une paire de talons aiguilles** – puis elle a nonchalamment levé les jambes et **posé les pieds sur le mur**. »

mots

On **adore** le son de votre voix, surtout quand **vous êtes excitée**. On préfère vous **entendre parler de sexe** plutôt que des choses du quotidien.

cochons

✱ **Téléphonez-nous au boulot** ou quand nous sommes en déplacement, et parlez lentement, d'une voix haletante, du style : **« J'ai envie de toi, maintenant. »**

✱ Dans la chambre, **murmurez-nous à l'oreille** ce que vous avez l'intention de faire ou ce que vous voulez qu'on vous fasse. **On écoutera bien, promis.**

bravo **les**

On adore les compliments, nous aussi. Mais pas pour les mêmes choses que vous. Si vous nous félicitez pour :

mecs

✱ Notre sens de l'humour.
Nos bijoux de famille.
Nos talents au lit.
(On sera TRÈS content.)

heures

Le sexe au bureau ça n'a pas l'air très excitant, et pourtant… Si vous le pouvez, passez à son bureau un soir pour une partie de jambes en l'air. Essayez la table de la salle de conférence, son bureau, l'ascenseur, la réserve, le photocopieur…

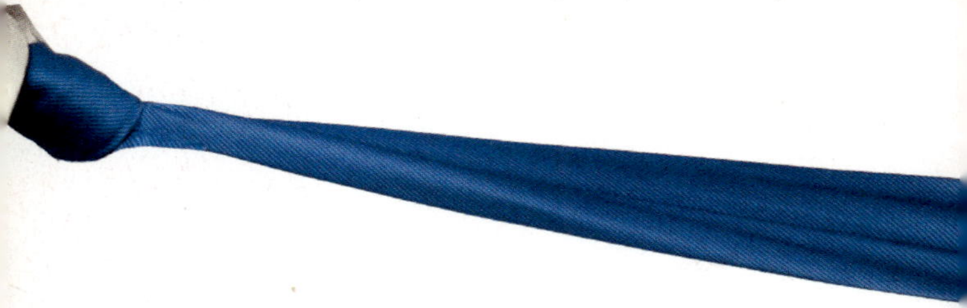

sup

✱ Pour **pimenter le tout**, jouez à **« promotion canapé »**. Vous êtes la **patronne**, vous **donnez les ordres** : « **Déshabille-toi**, tout de suite » est un bon début. Ou bien **c'est lui le patron** et vous êtes la **stagiaire tentatrice et séductrice**.

pas ce soir, chéri

Incroyable mais vrai, ne pas faire l'amour peut nous exciter au plus haut point. Comme il y a peu de chances qu'on suggère cette idée nous-mêmes, c'est à vous de prendre l'initiative.

- « Elle a **réservé une chambre** dans un **hôtel de luxe** et a décrété que nous ne ferions **pas l'amour** jusque-là. Dès notre arrivée dans la chambre, **on a arraché** nos vêtements. »

- « Elle a suggéré des **massages érotiques** pendant une semaine plutôt que faire l'amour. Cela a amélioré notre **vie sexuelle**. »

tout habillé

Vous vous souvenez quand vous faisiez l'amour tout habillée ? La passion adolescente. Les tâtonnements et la maladresse. La frustration ! Revenez en arrière. **Offrez-nous un peu de nostalgie avec une partie de jambes en l'air, mais tout habillés.** C'est très excitant de sentir votre corps à travers le tissu. **Idéal quand vous n'avez le temps que pour un quickie !**

élec

trise-
moi

donnez

La prochaine fois que vous lui massez le dos, donnez-lui une claque surprise sur les fesses. S'il gémit de plaisir, c'est bon signe…

lui une leçon

* Les claques nous procurent des **frissons**, des **picotements** et des **crépitements** de plaisir dans les fesses (et ailleurs).

* Soyez audacieuse : utilisez **une spatule ou une raquette** de ping-pong. Dites-lui de se pencher, puis **alternez les claques avec de douces caresses**.

vue

La vue de vos attributs peut nous rendre complètement dingues. Debout, allongée ou assise, peu importe tant que vos jambes sont bien écartées et qu'on peut admirer la vue.

privée

✱ « Elle s'est allongée sur le lit et a **entrouvert ses petites lèvres** avec les doigts. C'était **l'invitation la plus torride** que j'aie jamais reçue. »

✱ « Elle se tenait debout, un pied de chaque côté de **ma tête**. Alors que **je regardais directement sous sa jupe**, elle **a écarté sa culotte** du bout des doigts. »

✱ « Je suis allé **dans la chambre**. Elle était **à quatre pattes**, les **fesses en l'air** – je n'ai jamais été aussi **excité**. »

porte

C'est cochon, c'est tabou, mais ça procure des sensations torrides. Voilà pourquoi on devrait mettre la sodomie au sommet de notre liste de vœux. Contrairement aux idées reçues, entrer par la porte de derrière n'est pas forcément douloureux et n'implique pas de SM extrême.

de derrière

* Mieux vaut être **extrêmement excitée**, alors **usez et abusez des préliminaires**. Massez-vous entre les fesses avec un lubrifiant, sans oublier sa verge. Laissez-le **vous pénétrer un centimètre à la fois**. Relâchez vos muscles et expirez quand il vient en vous.

enchaînez-le

Voici du bondage pour débutants. Pas besoin de chaînes ni de menottes – un foulard en soie et une patère, c'est tout ce qu'il vous faut.

✱ Placez-vous tous les deux debout sous une patère. Après un **baiser passionné**, demandez-lui de vous tendre ses poignets. **Attachez-les avec le foulard**. Levez **ses bras au-dessus de sa tête** et accrochez le foulard à la patère. Descendez le long de son corps, ouvrez sa braguette et **prenez-le fermement en main** (ou en **bouche**).

peep

Espionner un acte sexuel est un fantasme de collégien classique. Une fois adultes, on est encore nombreux à le conserver, même si on ne veut pas l'admettre.

show

* **Faites-lui plaisir :** prévoyez une scène dans laquelle **il serait le voyeur**. Laissez la **porte entrouverte** tandis que vous faites quelque chose de **sexy**. Ou bien organisez un **jeu de rôle** dans lequel il doit regarder par le **trou de la serrure**. Puis il entrerait dans la pièce et… **vous sauterait dessus**.

* Scénarios parfaits pour un **peep show improvisé** : vous vous séchez langoureusement après la douche ; vous vous **enduisez** le corps de crème (en insistant sur les seins) ; vous **jouez** avec un sex toy.

bonjour

Corsez les choses avec un jeu de rôle particulièrement torride. Le scénario est simple : vous êtes deux inconnus qui se rencontrent dans un bar. Une attraction fatale, à laquelle vous ne pouvez résister, vous attire l'un vers l'autre.

✱ « **C'est à peine si je l'ai reconnue**. Elle avait changé de coiffure et portait une robe époustouflante. **Je n'arrivais pas à en croire mes yeux.** »

monsieur

✱ « J'adore **recommencer à flirter** avec elle. Ce **frisson de la chasse** me met dans **tous mes états**. »

✱ « Après ça, on fait **l'amour de façon stupéfiante**. On ose des choses. Elle devient **dominatrice**. »

Sus

Savez-vous pourquoi le sexe les yeux bandés fonctionne si bien ? Ôter la vue excite les autres sens. Alors n'hésitez pas à aller un peu plus loin : ôtez-lui aussi l'ouïe.

✱ **Bandez-lui les yeux** et mettez-lui un casque avec de la **musique funky**. Prodiguez-lui toutes sortes de **caresses coquines**. Le simple fait de ne pas savoir ce qui l'attend le fera bander. **Embrassez léchez et mordillez.**

pense...

attache-moi

Plus question de plaisanter quand vous arrivez dans la chambre avec une paire de menottes. Ce qui est excitant, c'est qu'on atteint là le niveau supérieur de la domination. Si on se retrouve attachés au lit, à la chaise ou à la table, il ne nous reste plus qu'à nous rendre.

✱ **Menottez ou attachez** ses poignets ou ses chevilles ensemble. Ou bien liez-le aux montants du lit dans la fameuse **position de l'étoile de mer** – vous aurez ainsi un accès direct aux morceaux de votre choix.

✱ **Rendez-le fou** avec **vos coups de langue, vos baisers, vos morsures, vos suçons et vos caresses**. Puis, faites-vous plaisir et **enfourchez-le**.

scotché !

Tendez-lui un rouleau de film plastique et demandez-lui de vous « habiller ». (Le film ne colle qu'à lui-même et ne fait donc pas mal.)

✱ **Son job** sera de fabriquer **la robe la plus serrée** et la plus excitante possible en entourant **votre corps nu** avec le film. Suggérez-lui de laisser des **trous à des endroits stratégiques** pour qu'il puisse vous y **embrasser** et vous **toucher**.

* Utilisez le film (ou du bondage tape) pour **attacher ses poignets** au lit. Ou derrière le dos. Ainsi, il sera **entièrement à votre merci**.

ménage

Le trio : désolés, mais cette pratique fait partie de nos plus grands fantasmes. Alors si vous voulez nous rendre dingues de plaisir, suggérez une petite partie de jambes en l'air avec une copine.

à trois

✱ « **Tout a commencé** après **une soirée**. On a fait **l'amour à trois** pendant des heures Ça a été **la nuit la plus mémorable** de ma vie. »

✱ « **Son amie et elle** m'ont bandé les yeux. Après **chaque baiser, léchouille ou morsure**, elles demandaient : **"Qui c'était ?"** »

j'veux

L'aspect, l'odeur et la sensation du cuir nous excitent au plus haut point.

* Si vous êtes débutante, mettez une **ceinture en cuir**. Il pourra l'empoigner en **pleine action**.

* Pour les **confirmées**, venez au lit avec un **corset en cuir** ou un **collier de chien**.

du cuir

La règle d'or du SM

n'arrête

Avant de vous lancer dans le **bondage**, mettez-vous d'accord sur un mot qui voudra dire « arrête ». Choisissez un mot qui n'a rien à voir, comme **« sucette »**. Dire **« arrête »** risque de ne pas suffire, car vous pourriez croire que **cela fait partie du jeu** ...

pas !

au pied, esclave !

Proposez-lui d'être son esclave sexuelle pour la nuit. Dites-lui qu'il peut vous demander n'importe quoi (dans la limite du raisonnable). Il vous rendra la pareille.

✱ **Déguisez-vous** pour l'occasion. Portez un masque vénitien. C'est **exotique**, **affriolant**, **mystérieux**, et ça vous aidera à entrer dans le jeu.

✱ Si **vous êtes tous les deux partants** pour la soumission totale, mettez-vous à quatre pattes et **rampez vers lui** de façon aguichante. Adressez-vous à lui en disant « **maître** » et **attendez de voir ce qui se passe…**

cadeau

Vous allez être séparés pendant un moment ? Glissez une vidéo sexy de vous deux dans sa valise.

de départ

✱ **Réalisez le film** sans qu'il s'en rende compte. À l'aide d'une webcam discrète et bien positionnée, **filmez-vous en pleine action**. Il profitera ainsi d'une séance de cinéma explosive, après son départ.

✱ Ou bien optez pour la **bonne vieille photo sexy** que vous glisserez dans sa trousse de toilette.

soirée spéciale

Inutile d'être fan de partouze ou d'échangisme pour organiser une soirée sexy. Il suffit de vous deux, d'une chambre (qui ferme à clef), de quelques sex toys et de postures aguicheuses.

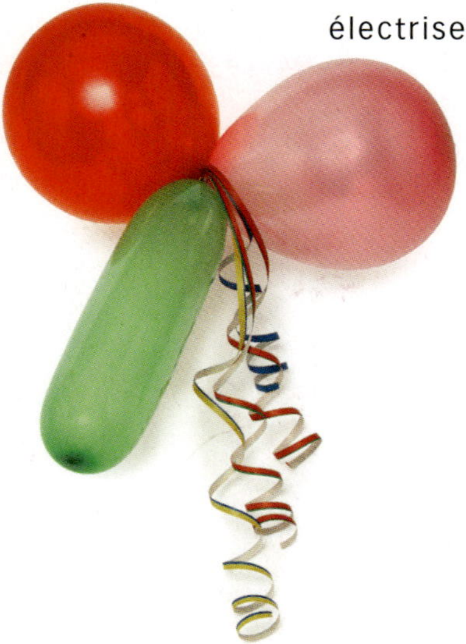

✱ « **Un soir par mois**, on se fait la totale : **sex toys, vidéos, déguisements, cocktails et huile de massage**. »

✱ « La plupart du temps, nos rapports sont **pleins de tendresse et d'amour**, mais de temps en temps, **on aime bien se laisser aller**. »

souvenirs,

À notre avis, la **meilleure chose dans le sexe**, à part l'acte lui-même, c'est le souvenir qu'on en garde. En fait, parfois, **on ne pense qu'à ça**. Un bon souvenir nous poursuivra jusque dans nos vieux jours. Ou jusqu'à la prochaine fois…

souvenirs

Un jour, j'ai eu droit à une extraordinaire **séance de sexe sur webcam**. Ma copine m'a appelé et s'est déshabillée devant la caméra. Puis, sa meilleure amie est arrivée et l'a embrassée. Génial !

Ma copine m'a surpris en m'offrant **un quickie** juste avant de sortir. J'ai passé le reste de la soirée à sourire.

J'ai dit à ma copine que j'avais toujours rêvé **de le faire sur la plage**. Alors un jour elle a jeté une tente pop-up sur le sable et m'a **poussé à l'intérieur**. Elle m'a fait m'allonger sur le dos, a dit « chhuut », et m'a enfourché.

Le cadeau **le plus coquin** que j'aie eu était une chaise sexuelle japonaise. À la place de l'assise, il y avait deux grandes bandes élastiques : ma copine pouvait s'asseoir pendant que je la pénétrais par en-dessous. **Le sexe en apesanteur**, c'est formidable.

Ma copine sait que je fantasme sur les tenues d'infirmière sexy. Elle m'a organisé une fête surprise avec un trip infirmière/docteur. **J'étais au paradis.**

Ma copine m'a demandé un jour de faire un film érotique avec elle, mais je devais **rester complètement habillé** et concentré derrière la caméra. Elle a réalisé **la performance d'acteur la plus sexy** que j'aie jamais vue. Puis on a fait l'amour comme des fous sur la moquette !

Ma copine et moi, on est allés voir un **sexe show** en live lors d'un voyage à l'étranger. On a trouvé ça plutôt malsain. Mais après, on est rentrés à l'hôtel et on a fait **l'amour comme des bêtes**.

Un jour, ma copine nous a réservé un sauna. Elle m'y a fait **le plus merveilleux des massages**. Puis, alors qu'on était **couverts d'huile et de sueur**, elle s'est assise sur moi et m'a chevauché jusqu'à l'orgasme.

Ma copine m'a joué un tour très sexy. Elle **m'a attaché les mains et les chevilles**, a mis un film porno, puis m'a laissé tout seul. Heureusement, **elle est revenue finir ce qu'elle avait commencé**.

On dînait à la maison. Tout à coup, **elle a glissé de sa chaise** jusque sous la table et m'a fait **une pipe surprise** pendant que je mangeais.

remerciements
crédits photos

Merci aux agences ci-dessous de nous avoir accordé l'autorisation de reproduire leurs photos :

(Abr. bas = b ; droite = d ; gauche = g ; haut = h ; centre = c)

1 Fotolia : Okea (bd). 2 Getty Images : Rosemary Calvert (c). 5 Fotolia : Kramografie (bd). 12-13 Corbis : Ocean. 16 Dreamstime. com : Kadrof (cg). 18-19 Corbis : Ocean. 21 Getty Images : Rosemary Calvert (bg). 23 Fotolia : FocalPoint (bc). 24 Corbis : Ocean (bg). 30 Getty Images : artpartner-images (bd). 32 Corbis : Image Source (cdb). 36-37 iStockphoto. com : EasyBuy4u. 41 Corbis : Glowimages (cb). 42 Corbis : Timothy Hogan (c). 46 Corbis : Jack Miskell Photography (c). 49 Corbis : Imagemore Co. (cdb). 50 Fotolia : Anna Omelchenko (bg). 52 Fotolia : Vankad (bc). 54 Getty Images : Davies and Starr (cb). 56 Getty Images : Brand X Pictures (bc). 66 Fotolia : Michael Brown (cdb). 68 Getty Images : moodboard (bg). 74 Getty Images : Burazin (c). 77 Fotolia : Elnur (hd). 84 Getty Images : Image Source (bc). 87 Getty Images : Stockbyte (bd). 90-91 Getty Images : Ichiro. 93 Getty Images : Alex Cao (bc). 94 Getty Images : Tony Cordoza (cb). 97 Getty Images : Image Source (cb). 104 Corbis : Image source (bd). 113 Corbis : Image source (bd). 114 Getty Images : Caspar Benson (bg). 119 Getty Images : Annabelle Breakey (hd). 126 Corbis : Heide Benser (cg). 129 Fotolia : Rafa Irusta (c). 130 Getty Images : Rosemary Calvert (bg). 132 Getty Images : Thinkstock Images (c). 135 Fotolia : blueee (cdb). 137 Corbis : I Love Images (cb). Getty Images : Grant Hamilton (bc). 139 Fotolia : andrej_sv (bc). 143 Alamy Images : Martin Lee (bc). 144 Fotolia : karandaev (bc). 146 Corbis : Ocean (bg). 149 Getty Images : Davies and Starr (c). 153 Fotolia : Skazka Grez (cb). 155 Getty Images : Maciej Toporowicz, NYC (bc). 160-161 Getty Images : Brian Hagiwara. 162 Getty Images : Jose Luis Pelaez (cb). 170 Fotolia : AndersonRise (bg). 176 Getty Images : Studio Box (bc). 179 Corbis : amanaimages (c). 184 Getty Images : Don Farrall (c). 190 Getty Images : Richard Boll (cb). 196-197 Alamy Images : jayfish. 202 Alamy Images : SDBprive (c). 211 Dreamstime. com : Ivonnewierink (h). 212 Fotolia : Margrit Hirsch (c). 225 Corbis : Ocean (bc). 227 Getty Images : Robert Kirk (cb)